W0381569

Engel
Alles, was wir wissen müssen

Vandenhoeck & Ruprecht

Kopiervorlagen für die Grundschule

Herausgegeben von Hans Freudenberg

Nach Ideen von
Hans Freudenberg, Ilka Kirchhoff, Magdalene Pusch

Illustriert von Siegfried Krüger
Umschlagabbildung: Svetlana Kilian

Bibliografische Information der Deutschen Nationalbibliothek

Die Deutsche Nationalbibliothek verzeichnet diese Publikation in der Deutschen Nationalbibliografie; detaillierte bibliografische Daten sind im Internet über http://dnb.d-nb.de abrufbar.

ISBN 978-3-525-61042-8

© 2008, Vandenhoeck & Ruprecht GmbH & Co. KG, Göttingen / www.v-r.de
Alle Rechte vorbehalten. Das Werk und seine Teile sind urheberrechtlich geschützt. Jede Verwertung in anderen als den gesetzlich zugelassenen Fällen bedarf der vorherigen schriftlichen Einwilligung des Verlages. Printed in Germany.
Satz: Daniela Weiland, Göttingen
Druck und Bindung: ⊕ Hubert & Co, Göttingen

Gedruckt auf alterungsbeständigem Papier.

Liebe Lehrerin, lieber Lehrer,

ob Sie vom Fach sind oder nicht: mit diesem Material werden Sie einen wahrhaft „beflügelten" Religionsunterricht gestalten können. Am beliebten Beispiel „Engel" machen die Kopiervorlagen Ihre Schülerinnen und Schüler fit zu unterscheiden: Was ist Religion, was ist bloß Kitsch? Dabei ist für Methodenvielfalt, Unterhaltung und Nachhaltigkeit gesorgt. Sie finden Arbeitsblätter „E", „P" oder „G" - entsprechend zur Einzel-, Partner- oder Gruppenarbeit einzusetzen. Dabei enthalten die Blätter „E" durchaus auch Impulse zum Gedankenaustausch bzw. Ergebnis-Abgleich mit dem Nachbarn. Die Blätter „a", „b", „c" ... funktionieren in der Regel nur zusammen. Viele Arbeitsblätter enthalten neben Aufgaben zur direkten Umsetzung (Schreib- und Malflächen) auch weiterführende Impulse, z.B. für Projekte, Recherchen, Interviews. Der freien Beschäftigung mit dem Thema sind keine Grenzen gesetzt. Wir wünschen viel Freude an dem vielfältigen Material und sind stets interessiert an kritischen Rückmeldungen.

Ihre V&R-Schulbuch-Redaktion

Stichwort „Engel"

Wofür gibt es nicht alles Engel? Engel als Begleiter, Engel als Beschützer, Engel der Einkehr, des Trostes, der Nachsicht, der Hoffnung! Engel als Hingucker. Engel als Verkaufsargument. Die Sehnsucht nach Engeln ist groß – nach dem Guten, dem Übernatürlichen, dem Wunderbaren.

Die Kehrseite ist: Diese Sehnsucht bleibt in der heutigen Gesellschaft häufig diffus und ungerichtet. Kirche, Gemeinde, Christentum sind längst nicht mehr die erste Adresse, ja, nicht einmal irgendein anderes geschlossenes religiöses System. Vielfach scheinen Versatzstücke zu genügen, religiös aufgeladene Einzel-Symbole. Wenn aber Trost, Stärkung, Begleitung am meisten nötig sind, erweisen sie sich als trügerisch.

Für Kinder ist es daher wichtig, religiöse Kompetenz zu erlangen, Verheißungen und Versprechungen unterscheiden zu können. Zu werten: Trägt dieses Symbol, trägt jenes nicht? Am populären Beispiel „Engel" sind hier elementare Erfahrungen zu machen. Bibeltexte geben dem allgegenwärtigen Schutz-, Segens- und Weihnachtsgeflügel nachhaltig Konturen.

Inhalt

Wahrnehmen

Vertiefen

Gestalten und feiern

1a Mein Engel (P)

Pia erzählt von ihrem Opa ... – Schreibe weiter:

„Opa sagt, ich bin sein Engelchen. Das sagt er zum Beispiel immer, wenn ich .....

....

....

....

Menschen sagen: „Sei ein Engel" – und dann kommt's ... (Meistens soll man etwas für sie tun.) Setzt euch zu zweit zusammen und denkt euch Beispiele aus:

Sei ein Engel und ...

Sei ein Engel und ...

Sei ein Engel und ...

Sei ein Engel und ...

Kurz und knapp: Was ist ein Engel?

....

© 2008, Vandenhoeck & Ruprecht GmbH & Co. KG, Göttingen

1b Mein Engel (E)

Hast du ein Bild im Kopf, wenn du das Wort hörst: Engel? Wie würde denn dein ganz persönlicher Engel aussehen? Woran erkennt man, dass es ein Engel ist?
Male dich und den Engel auf das Blatt. Was sagst du zu dem Engel?

Mein Engel

Ich

© 2008, Vandenhoeck & Ruprecht GmbH & Co. KG, Göttingen

1c Mein Engel (G)

Legt eure Engelbilder aus, zum Beispiel als lange Straße auf dem Boden oder auf zusammengestellten Tischen. Besichtigt alle Engelbilder. Füllt dann die folgende Liste aus – zuerst zu zweit; dann tragt ihr die Ergebnisse zusammen:

Was haben die Engel auf allen Bildern gemeinsam?	
Was haben die Engel auf fast allen Bildern gemeinsam?	
Was haben die Engel auf manchen Bildern gemeinsam?	
Was habt ihr nur bei einem einzigen Engel gesehen?	
Was ist euch besonders aufgefallen?	

Das halte ich fest: ....

© 2008, Vandenhoeck & Ruprecht GmbH & Co. KG, Göttingen

2 Mein Schutzengel (E)

Kai ist über die Straße gerannt, ohne zu gucken. Ein Auto kommt angebraust. Es kann gerade noch bremsen. Ein Mann, der das gesehen hat, sagt zu Kai: „Da hast du wohl einen Schutzengel gehabt."

Zeichne oder schreibe in die Umrisse dieses Schutzengels, was Menschen sich von ihm erhoffen.

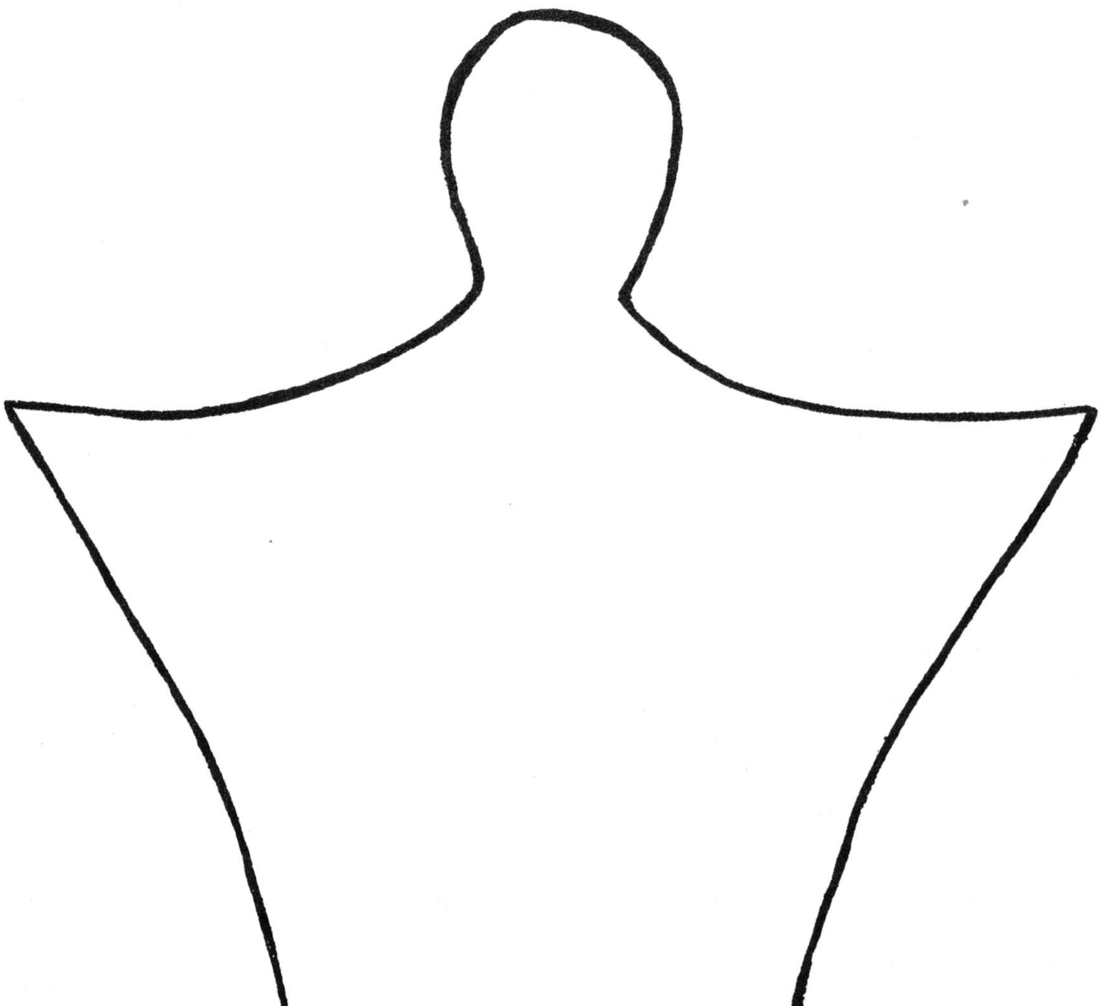

© 2008, Vandenhoeck & Ruprecht GmbH & Co. KG, Göttingen

3 Engel und ... (E)

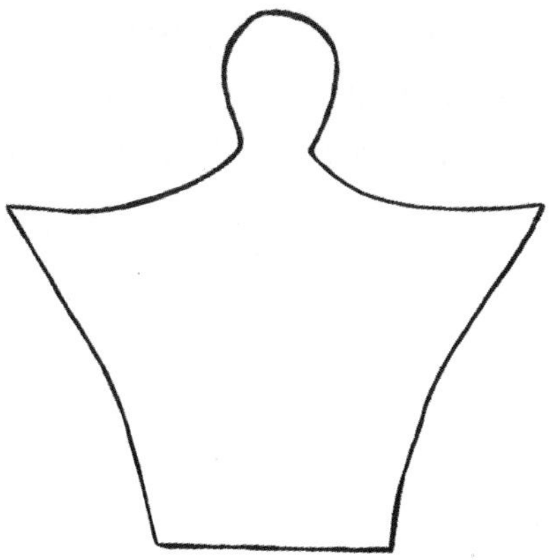

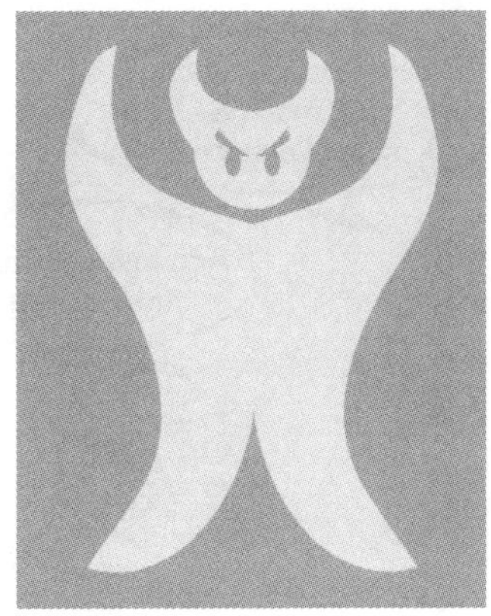

Menschen stellen sich vor, dass es außer den Mächten, die es gut mit ihnen meinen und sie vor Schaden bewahren, auch Mächte gibt, die es böse meinen und ihnen Fallen stellen. „Welcher Teufel reitet dich?", sagt man vielleicht zu jemandem, der sich auf eine Dummheit einlässt. Und der Teufel im Kasper-Theater sorgt für Angst und Schrecken bei Großmutter und Polizist ...

Beschreibe die Haltung des abgebildeten Engels und des abgebildeten Teufels. Zeichne sie nach und schreibe deine Ideen hinein:

Engel Teufel

© 2008, Vandenhoeck & Ruprecht GmbH & Co. KG, Göttingen

4 B-Engel (P)

Betrachtet das Witzbild. Erkläre deinem Partner, was ein „Bauteufelchen" tut. – Entwerft ein Interview: Einer von euch ist der Reporter und fragt den anderen, den Künstler, nach seiner Erfindung, dem Bauteufelchen (ihr könnt auf der Rückseite weiterschreiben):

Frage:	Wie sind Sie auf die Idee gekommen, …
Antwort:	
Frage:	
Antwort:	
Frage:	
Antwort:	

© 2008, Vandenhoeck & Ruprecht GmbH & Co. KG, Göttingen

5a Weihnachtsengel (G)

Ihr braucht: Reste von Weihnachtspapier, Reklameprospekte aus der Weihnachtszeit, Weihnachtskarten. Macht eine Untersuchung: Wie werden Weihnachtsengel dargestellt? Welche Stimmung vermitteln sie? Wozu dienen sie? Fasst eure Ergebnisse hier zusammen – schneidet Beispiele aus und klebt sie auf.

Wie sieht ein typischer Weihnachtsengel aus?	
Welche Stimmung vermittelt ein typischer Weihnachtsengel?	
Wozu werden Weihnachtsengel eingesetzt?	

© 2008, Vandenhoeck & Ruprecht GmbH & Co. KG, Göttingen

5b Weihnachtsengel (G)

Ihr braucht: Weihnachtslieder, Weihnachtsbilderbücher, Weihnachtsgebete – alles, was in der Weihnachtszeit angeschaut, gesungen und erzählt wird. Macht eine Untersuchung: Wie werden die Engel beschrieben? Was tun sie? Gibt es verschiedene „Sorten"? Wenn ja: Wie unterscheiden sie sich?

Wie sehen Weihnachtsengel aus?	
Was tun Weihnachtsengel?	
Welche „Sorten" von Weihnachtsengeln gibt es?	

© 2008, Vandenhoeck & Ruprecht GmbH & Co. KG, Göttingen

6 Es müssen nicht Männer mit Flügeln sein (G)

Es müssen nicht Männer mit Flügeln sein,
die Engel.
Sie gehen leise, sie müssen nicht schrein,
oft sind sie alt und hässlich und klein,
die Engel.

Sie haben kein Schwert, kein weißes Gewand,
die Engel.
Vielleicht ist einer, der gibt dir die Hand,
oder er wohnt neben dir, Wand an Wand,
der Engel.

Dem Hungernden hat er das Brot gebracht,
der Engel.
Dem Kranken hat er das Bett gemacht,
und hört, wenn du ihn rufst, in der Nacht,
der Engel.

Er steht im Weg und er sagt: Nein,
der Engel.
Groß wie ein Pfahl und hart wie ein Stein –
Es müssen nicht Männer mit Flügeln sein,
die Engel.

Rudolf Otto Wiemer

Aus: Rudolf Otto Wiemer, Der Augenblick ist noch nicht vorüber, Stuttgart 2001,
(c) Rudolf Otto Wiemer Erben, Hildesheim.

Lest das Gedicht mit wechselnden Rollen: Eine/r liest, was Engel *nicht* sind oder tun; der/die andere, was sie sind oder tun.

Erzählt euch Geschichten von alten, kleinen oder hässlichen „Engeln" aus der Nachbarschaft: Wie so ein Engel mal jemandem geholfen hat.

Schreibt eure schönste Geschichte auf – für einen Engel-Geschichten-Wettbewerb in der Klasse.

© 2008, Vandenhoeck & Ruprecht GmbH & Co. KG, Göttingen

7 Engel im Neuen Testament (E)

Wie sind eigentlich die echten Engel, also die Engel, die wirklich in der Bibel stehen? Was wird im Neuen Testament berichtet über den Engel, der zu Zacharias (8) und Maria (9) und zu den Hirten (10) kam, über die Weihnachtsengel (11) und über Engel in Jesu Leben (12, 13) und nach Jesu Auferstehung (14)? Was können wir wissen über ihr Aussehen, ihre Art, ihre Ausstrahlung? Sammle auf diesem Blatt die Ergebnisse der Bearbeitung der Arbeitsblätter 8 bis 14.

	Inhalt	Das lerne ich über Engel:
8 Zacharias und der Engel		
9 Maria und der Engel		
10 Der Engel bei den Hirten		
11 Die Weihnachtsengel		
12 Jesus und der Teufel		
13 Jesus und der Tod		
14 Engel am leeren Grab		

© 2008, Vandenhoeck & Ruprecht GmbH & Co. KG, Göttingen

8a Zacharias und der Engel (E)

Zacharias, sagt Gottes Engel Gabriel,
öffne deine Augen. Er trifft den Priester
in Gottes Haus. Laut muss er rufen.
Denn Zacharias ist in sein Gebet vertieft.
Was willst du?, fragt Zacharias.
Rauch trübt ihm die Augen.
Er erkennt nicht den göttlichen Glanz.

1.

2.

Zacharias, sagt Gottes Engel Gabriel,
du siehst nicht gut, wenn du beim Beten
deine Augen schließt, und hörst nichts,
wenn du so laut murmelst. Was, wenn
einmal ein Engel kommt, was, wenn ein
Wunder dir begegnet? Mir scheint,
du horchst nicht auf und übersiehst es.

Ich werde alt, sagt Zacharias, und mit mir
meine Frau Elisabeth. Wir warten nicht
mehr auf ein Wunder und Gottes Boten
kommen nicht zu uns. Sonst hätten wir ein
Kind bekommen, wie wir es uns so
sehnlich wünschten. Nun haben wir uns
abgefunden und suchen nichts als Ruhe.

A.

3.

Zu früh, ruft Engel Gabriel, sagt euer Herz:
Genug. Denn gerade heut bin ich erschienen,
um euch Erfüllung anzusagen für euren
Herzenswunsch. Ein Sohn wird euch
geschenkt. Er wird euch glücklich machen.
Man wird ihn Wegbereiter nennen
für Gottes Sohn, den Hüter und den Heiler.

© 2008, Vandenhoeck & Ruprecht GmbH & Co. KG, Göttingen

Er ruft in der Wüste und tauft mit Wasser.
Ruft laut, dass Gott die Verlorenen sucht,
sie sammelt und sie weidet wie ein Hirt.
Er soll Johannes heißen, ein neuer Elia.
Zacharias lacht. Was für ein Traum,
schon lange ausgeträumt. Er schließt die Augen.
Als er sie öffnet, ist Gabriel fort.

B.

C.

Na also, will er sagen. Da spürt er: Es hat
ihm die Sprache verschlagen. Der Hoffnung
lauthals abzusagen, das hat ihn stumm gemacht.
Bedrückt geht er nach Haus.

D.

Da wartet seine Frau Elisabeth.
Sag nichts, begrüßt sie ihn.
Ich habe neue Hoffnung.
Mir scheint, ein Wunder wird geschehen!

M. Steinkühler, nach Lukas 1,5-25

Schreibe in die Kästen mit den **Ziffern** Worte aus der jeweiligen Strophe, die den **Engel** beschreiben: seine Herkunft, Erscheinung, sein Wirken.

Schreibe in die Kästen mit den **Buchstaben**, wie Zacharias (A bis C) und Elisabeth (D) dem Engel begegnen und was sie von Engeln erwarten.

Was weißt du über das Kind, das hier angekündigt wird? Schreibe in und um den Engel-Umriss.

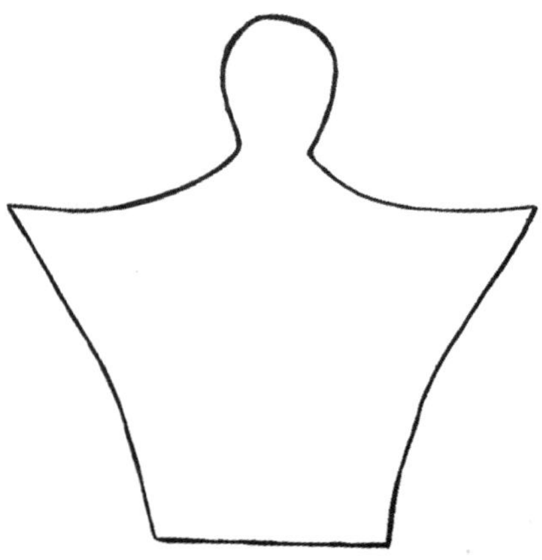

© 2008, Vandenhoeck & Ruprecht GmbH & Co. KG, Göttingen

8b Zacharias und der Engel (P)

Ihr habt gelesen, wie Gottes Engel Gabriel Zacharias begegnet, was er sagt und wie er wirkt.

Spielt es nach, bis ihr es sicher könnt.

Spielt nun eine eigene Fassung der Geschichte: Wie würde Zacharias sich verhalten, wenn er eine zweite Chance hätte? Oder: Wie wäre die Begegnung verlaufen, wenn Gabriel zu Elisabeth statt zu Zacharias gegangen wäre?

Baut das Gespräch so auf: Grau = Begrüßung; Weiß = Botschaft (1. Teil), Antwort, Botschaft (2. Teil), Antwort; Grau = Abschied.

Engel	
Mensch	
Engel	
Mensch	
Engel	
Mensch	
Engel	
Mensch	

© 2008, Vandenhoeck & Ruprecht GmbH & Co. KG, Göttingen

9a Maria und der Engel (E)

Als Elisabeth im sechsten Monat schwanger war, sandte Gott den Engel Gabriel nach Nazaret in Galiläa zu einem jungen Mädchen mit Namen Maria. Sie war noch unberührt und war verlobt mit Josef, einem Nachkommen Davids.

Der Engel kam zu ihr und sagte:
„Sei gegrüßt, Maria, der Herr ist mit dir;
er hat dich zu Großem ausersehen!"
Maria erschrak über diesen Gruß
und überlegte, was er bedeuten sollte.

Da sagte der Engel zu ihr:
„Hab keine Angst, du hast Gnade bei Gott gefunden!
Du wirst schwanger werden und einen Sohn gebären.
Dem sollst du den Namen Jesus geben.
Er wird groß sein und wird Sohn des Höchsten genannt werden.
Gott, der Herr, wird ihn auf den Thron seines Ahnherrn David erheben,
und er wird für immer über die Nachkommen Jakobs regieren.
Seine Herrschaft wird nie zu Ende gehen."

Maria fragte den Engel:
„Wie soll das zugehen?
Ich bin doch mit keinem Mann zusammen!"
Er antwortete:
„Gottes Geist wird über dich kommen,
seine Kraft wird das Wunder vollbringen.
Deshalb wird auch das Kind,
das du zur Welt bringst,
heilig und Sohn Gottes genannt werden."
Da sagte Maria: „Ich gehöre dem
Herrn, ich bin bereit. Es soll an mir
geschehen, was du gesagt hast."
Darauf verließ sie der Engel.

Lukas 1,26-35.38, Gute Nachricht Bibel, © 2000 Deutsche Bibelgesellschaft, Stuttgart

Lies den Text und fülle Marias Denkblasen aus.

© 2008, Vandenhoeck & Ruprecht GmbH & Co. KG, Göttingen

9b Maria und der Engel (P)

Der Engel hat Maria die Geburt eines ganz besonderen Kindes angekündigt. Jetzt ist er wieder fort. Und Fetzen seiner Botschaft schwirren ihr im Kopf herum.

Schreibe die wichtigsten Worte des Engels in die Denk-Blasen.

Dein/e Partner/in bearbeitet gleichzeitig **9c**.

© 2008, Vandenhoeck & Ruprecht GmbH & Co. KG, Göttingen

9c Maria und der Engel (P)

Maria am Tag, bevor der Engel kommt: Sie backt Brot und denkt an ihre Zukunft ... – Alle möglichen Gedanken gehen ihr im Kopf herum.

Schreibe einige davon in die Denk-Blasen.

Dein/e Partner/in bearbeitet gleichzeitig **9b**.

© 2008, Vandenhoeck & Ruprecht GmbH & Co. KG, Göttingen

9d Maria und der Engel (P)

Vergleicht eure Eintragungen „Maria vor dem Besuch des Engels“ und „Maria nach dem Besuch des Engels“. Fasst es in zwei Sätzen zusammen: Was hat der Besuch des Engels verändert oder bewirkt?

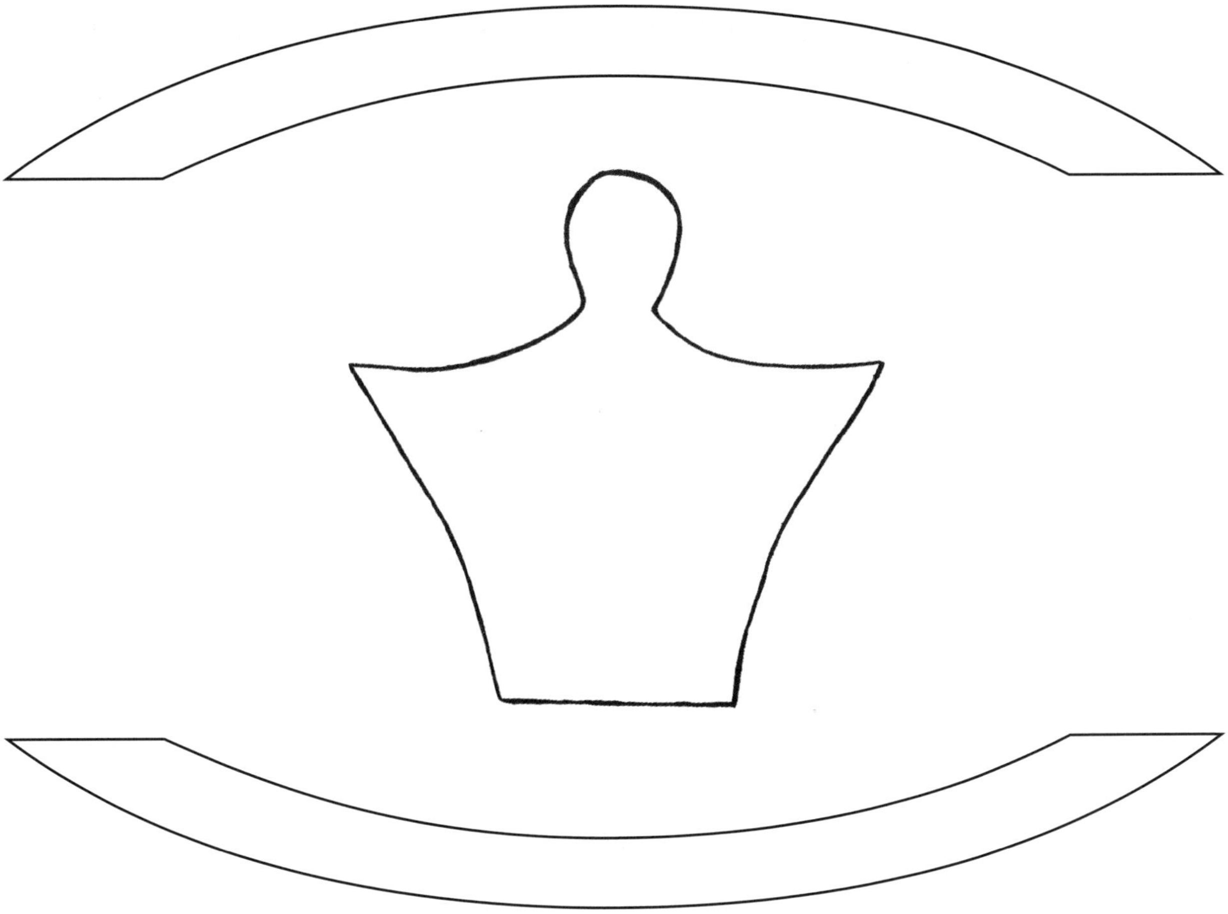

Was könnte Maria beten?

....

....

....

....

....

....

© 2008, Vandenhoeck & Ruprecht GmbH & Co. KG, Göttingen

10a Der Engel bei den Hirten (E)

Und es waren Hirten in derselben Gegend auf dem Felde bei den Hürden, die hüteten des Nachts ihre Herde.

Und der Engel des Herrn trat zu ihnen, und die Klarheit des Herrn leuchtete um sie; und sie fürchteten sich sehr.

Und der Engel sprach zu ihnen: Fürchtet euch nicht! Siehe, ich verkündige euch große Freude, die allem Volk widerfahren wird; denn ...

Lukas 2,8-10, Lutherbibel, © 1998 Deutsche Bibelgesellschaft, Stuttgart

Ergänzt die Verse 11 bis 14 – aus der Lutherbibel oder vielleicht sogar aus der Erinnerung (?). (Die Weihnachtsgeschichte wird in jedem Heiligabend-Gottesdienst vorgelesen.)

Lies den Text genau und beantworte zwei Fragen:

Woran ist der Engel des Herrn zu erkennen?	
Was sind seine ersten Worte und warum sagt er sie?	

© 2008, Vandenhoeck & Ruprecht GmbH & Co. KG, Göttingen

10b Der Engel bei den Hirten (G)

Den Hirten geht es wohl wie Maria: Sie haben nichts erwartet, sie haben kein Wunder gewünscht. Doch dann geschieht es. Ihr Leben hat plötzlich einen anderen Sinn.

Sucht euch jede/r einen der Hirten aus. Schlüpft in seine Rolle, malt ihn an, gebt ihm einen Namen und ein paar typische Angewohnheiten oder Eigenschaften.

Wie erlebt euer Hirte den Engel? Was denkt er über die Botschaft?

Entwickelt ein Gespräch zwischen den drei Hirten und bereitet euch darauf vor, es vorzuspielen.

	Name	Besondere Merkmale

© 2008, Vandenhoeck & Ruprecht GmbH & Co. KG, Göttingen

11 Die Weihnachtsengel (E)

Und alsbald war da bei dem Engel die Menge der himmlischen Heerscharen, die lobten Gott und sprachen:

Lukas 2,13+14

Schreibe in Schön- und Zierschrift auf, was die Engel am Weihnachtshimmel singen. Die Wörter am Rand helfen dir.

© 2008, Vandenhoeck & Ruprecht GmbH & Co. KG, Göttingen

12 Jesus und der Teufel (P)

Als Jesus getauft worden war, stellte ihn der Teufel auf die Probe. Der Teufel wollte Jesus verlocken, gegen Gottes Willen zu handeln. Aber Jesus fiel nicht auf den Teufel herein. Hier ist die dritte und letzte der Proben:

A.

Zuletzt führte der Teufel Jesus auf einen sehr hohen Berg, zeigte ihm alle Reiche der Welt in ihrer Größe und Pracht und sagte: „Dies alles will ich dir geben, wenn du dich vor mir niederwirfst und mich anbetest."

B.

Da sagte Jesus: „Weg mit dir, Satan! In den Heiligen Schriften heißt es: Vor dem Herrn, deinem Gott, wirf dich nieder, ihn sollst du anbeten und niemand sonst."

Darauf ließ der Teufel von Jesus ab, und Engel kamen und versorgten ihn.

Matthäus 8,1-12, Gute Nachricht Bibel
© 2000 Deutsche Bibelgesellschaft, Stuttgart

A. Wie steht der Teufel da, als er sein Angebot macht?

B. Wie steht Jesus da, als er das Angebot ablehnt?

Übt für beides aussagekräftige Gesten: Der/die eine macht es vor, der/die andere dient als „Spiegel", macht es also ganz genau nach. Wenn ihr die beste Haltung gefunden habt, zeichnet A. den Teufel oben auf das Blatt (Umrisszeichnung oder Strichmännchen), B. Jesus darunter.

Überlegt euch eine Erklärung für den letzten Satz: Warum kommen die Engel erst, als Jesus die Proben bestanden hat?

© 2008, Vandenhoeck & Ruprecht GmbH & Co. KG, Göttingen

13 Jesus und der Tod (P)

Jesus weiß, dass der Tag gekommen ist, an dem seine Gegner ihn gefangen nehmen werden. Gefängnis, Verhör, Folter und Tod stehen ihm bevor. Er geht in den Garten Gethsemane und betet zu Gott:

„Vater, wenn es dein Wille ist,
dann erspare es mir, diesen Kelch trinken zu müssen.
Aber dein Wille soll geschehen, nicht der meine!"
Da erschien ihm ein Engel vom Himmel und gab ihm Kraft.
In seiner Todesangst betete Jesus noch angespannter
und sein Schweiß tropfte wie Blut auf den Boden.

Lukas 22,42-44, Gute Nachricht Bibel, © 2000 Deutsche Bibelgesellschaft, Stuttgart

Wie kann ein Engel einem Menschen in Todesangst Kraft geben? Was könnte er sagen oder tun oder schenken? – Schreibe, abwechselnd mit deinem Partner, deine Einfälle in und um den Engel-Umriss.

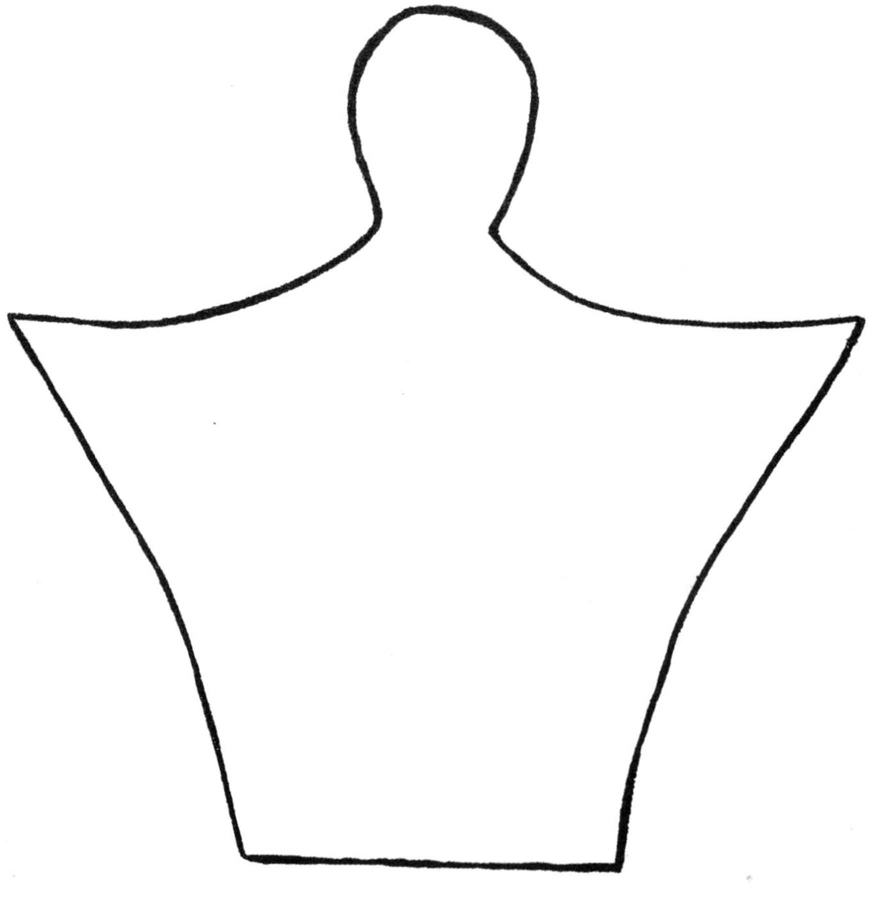

© 2008, Vandenhoeck & Ruprecht GmbH & Co. KG, Göttingen

14 Engel am leeren Grab (E)

Am Sonntagmorgen dann, in aller Frühe, nahmen die Frauen die wohlriechenden Öle, die sie sich beschafft hatten, und gingen zum Grab. Da sahen sie, dass der Stein vom Grabeingang weggerollt war. Sie gingen hinein, doch der Leichnam von Jesus, dem Herrn, war nicht mehr da. Während sie noch **ratlos** dastanden,

traten plötzlich zwei Männer in strahlend hellem Gewand zu ihnen. Die Frauen **fürchteten sich** und wagten sie nicht anzusehen; sie blickten zu Boden. Die beiden sagten zu ihnen:

„Was sucht ihr den Lebenden bei den Toten? Er ist nicht hier; Gott hat ihn vom Tod auferweckt! Erinnert euch an das, was er euch schon in Galiläa gesagt hat: Der Menschensohn muss den Menschen, den Sündern, ausgeliefert und ans Kreuz genagelt werden und am dritten Tag vom Tod auferstehen."

Da erinnerten sich die Frauen an seine Worte. Sie verließen das Grab und gingen zu den Elf und allen Übrigen, die bei ihnen waren, und berichteten ihnen alles.

Lukas 24,1-9, Gute Nachricht Bibel, © 2000 Deutsche Bibelgesellschaft, Stuttgart

Die Frauen finden das leere Grab.	Sie treffen die beiden „Männer".	Sie laufen heim.

Zeichne als Comicstrip; stelle vor allem die Haltung der Frauen deutlich dar – beim Kommen, bei der Engel-Erscheinung, beim Fortgehen.

© 2008, Vandenhoeck & Ruprecht GmbH & Co. KG, Göttingen

15 Engel im Alten Testament (E)

Was wird im Alten Testament berichtet über den Engel, der das Paradies bewacht (16), der Abraham ein Kind verspricht (17), Hagar aus der Wüste holt (18), über Jakobs Engels-Leiter (19) und den Engel, der Bileams Eselin einschüchtert (20)? Wie begegnen die Engel in den Psalmen (21)? Sammle auf diesem Blatt die Ergebnisse der Bearbeitung der Arbeitsblätter 16 bis 21.

	Inhalt	Das lerne ich über Engel:
16 Die Engel mit dem Flammenschwert		
17 Drei Männer bei Abraham		
18 Hagar und der Engel		
19 Die Himmelsleiter		
20 Esel und Engel		
21 Engel in den Psalmen		

© 2008, Vandenhoeck & Ruprecht GmbH & Co. KG, Göttingen

16 Die Engel mit dem Flammenschwert (E)

Nun aber, dass der Mensch nicht ausstrecke seine Hand und breche auch von dem Baum des Lebens und esse und lebe ewiglich ...
... ließ Gott der Herr lagern vor dem Garten Eden die Cherubim mit dem flammenden blitzenden Schwert, zu bewachen den Weg zu dem Baum des Lebens.

1 Mose 3,22.24, Lutherbibel

Manche Grenzen sind sinnvoll; sie schützen Unbedachte vor Schaden. Finde Beispiele für solche Grenzen.

Grenze	Was wird verwehrt?	Aus welchem Grund?

In der Bibel wird erzählt, dass Gott eine Grenze vor den Baum des Lebens zieht, um die Menschen davor zu bewahren, ewig zu leben. – Aber wäre das denn nicht großartig ...? Argumentiere.

Ewiges Leben – wäre doch gut ...	Ewiges Leben – wäre schädlich ...

Die Grenze vor dem Baum des Lebens – das sind die Cherubim mit dem Flammenschwert. Finde heraus, was das ist – ein Cherub – und wie die Cherubim aussehen. Zeichne auf einem DIN A3-Blatt ein Bild von ihnen, dem Baum und dem Schwert.

© 2008, Vandenhoeck & Ruprecht GmbH & Co. KG, Göttingen

17 Drei Männer bei Abraham (G)

Szene im Hain von Mamre. Ein Beduinenlager. Mitwirkende:

Abraham. Freund Gottes. In Gottes Auftrag unterwegs in eine neue Heimat. Gott hat ihm vor vielen Jahren einen Sohn versprochen. Jetzt ist Abraham 99 Jahre alt.
Sara, Abrahams Frau. War stets an Abrahams Seite. Gottes Auftrag und Gottes Versprechen betreffen auch sie. Aber eine 97-Jährige kann nach menschlichem Ermessen nicht mehr schwanger werden.
Besuch, es scheint: drei Männer. Sprechen mit einer Stimme. Lassen sich von Abraham bewirten. Fragen nach Sara. Erneuern Gottes Versprechen.
Handlung: Besuch kommt. Abraham empfängt und bewirtet ihn. Sara bleibt im Zelt. Besuch fragt nach Sara. Sara lauscht. „Nächstes Jahr um diese Zeit wird Sara einen Sohn haben." Sara lacht. „Warum lacht deine Frau? Bei Gott ist nichts unmöglich." Sara sagt: „Ich habe nicht gelacht." Ende

Diese Szene soll aufgeführt werden – als Schatten-, Puppen-, Folientheater. Die Schablonen für Abraham und Sara helfen euch. Der Text ist klar. Wie aber (und das ist die Herausforderung!), wie ist der „Besuch" darzustellen? Beratet und probiert in der Gruppe.

© 2008, Vandenhoeck & Ruprecht GmbH & Co. KG, Göttingen

18a Hagar und der Engel (P)

A. „Ich dachte doch, ich weiß, wo hier ein Brunnen ist." Die Frau sinkt müde zu Boden. Sie hat sich verirrt. Seit Stunden sucht sie Wasser in der Wüste. Es ist heiß. Die Sonne brennt. Sie ist allein mit ihrem kleinen Sohn. Der weint. „Setz dich da hinten unter den Busch", sagt die Mutter. „Er gibt ein wenig Schatten." „Ich will keinen Schatten, ich will Wasser", sagt der Sohn. „Ich dachte, ich weiß ...", beginnt die Frau wieder. Dann fängt sie auch an zu weinen. „Ich weiß gar nichts mehr", sagt sie. „Wir werden alle beide sterben."

B. „Ich wusste doch, da ist ein Brunnen!", ruft die Frau. Sie springt auf die Füße und rennt die letzten Schritte. „Komm, Ismael", ruft sie ihren Sohn. „Komm schnell. Ich höre es schon plätschern." Der Junge ist schon fast bewusstlos. Die Hoffnung seiner Mutter steckt ihn an. Noch einmal steht er auf und rennt ihr nach. „Wasser!", ruft er. „Ich wusste doch ...", beginnt die Frau, als sie sich beide sattgetrunken haben. „Und weißt du was: Ich habe auch schon einen Plan, wie wir aus dieser Wüste kommen!"

Lest zu zweit, eine(r) A, der/die andere B. Ordnet danach die Wörter aus dem Wortspeicher: Markiert sie rot (A) oder gelb (B).

müde verzweifelt hoffnungsvoll

wach entschlossen gleichgültig

Hoffnung Schwäche Trotz Not

Schwung Schmerz Lebenswille Licht

Zuversicht Hunger Kraft Nacht

© 2008, Vandenhoeck & Ruprecht GmbH & Co. KG, Göttingen

18b Hagar und der Engel (E)

Übrigens: Hagar ist Abrahams Magd; und Ismael ist ihr und Abrahams Sohn.

Was ist geschehen zwischen A und B? Beschreibe es mit deinen Worten:	Die Bibel beschreibt es so:
	Und der Engel Gottes rief Hagar vom Himmel her und sprach zu ihr: Was ist dir, Hagar? Fürchte dich nicht; denn Gott hat gehört die Stimme des Knaben, der dort liegt. Steh auf, nimm den Knaben und führe ihn an deiner Hand; denn ich will ihn zum großen Volk machen. Und Gott tat ihr die Augen auf, dass sie einen Wasserbrunnen sah. Da ging sie hin und füllte den Schlauch mit Wasser und tränkte den Knaben. 1 Mose 21,17-19, Lutherbibel, © 1998 Deutsche Bibelgesellschaft, Stuttgart

Markiere die Worte des Engels des Herrn farbig. Hagar spricht nach ihrer Rettung ein Dankgebet; vervollständige es; die Satzfetzen am Rand helfen dir.

Du großer, guter Gott, als die Not am größten war, hast du	deinen Engel gesandt
....	mich angesehen
....	das Weinen meines Sohns gehört
....	meine Not erkannt
....	dich erbarmt
....	Mitleid mit meinem Sohn gehabt
....	

© 2008, Vandenhoeck & Ruprecht GmbH & Co. KG, Göttingen

19 Die Himmelsleiter

Und Jakob träumte: Und siehe, eine Leiter stand auf Erden, die rührte mit der Spitze an den Himmel, und siehe, die Engel Gottes stiegen daran auf und nieder. Und der Herr stand oben darauf und sprach:

L. Und siehe, ich bin mit dir		
		H. wo du hinziehst,
N. bis ich alles tue,		
		S. und will dich wieder herbringen in dies Land.
Ö. Denn ich will dich nicht verlassen,		
		E. was ich dir zugesagt habe.
Z. Ich bin der HERR,		
		W. der Gott deines Vaters Abraham,
Ö. und Isaaks Gott.		
		F. und will dich behüten,

Gewiss kennst du Jakobs Geschichte – seinen Streit mit Esau, seine Flucht, die Nacht in der Einsamkeit und den Traum von der Himmelsleiter. Zeichne die Himmelsleiter nach deiner Vorstellung und ordne Gottes Worte. Die Kennbuchstaben ergeben das Lösungswort: Jakob hatte _ _ _ _ _   _ _ _ _ _

1 2 3 4 5   6 7 8 9 10

© 2008, Vandenhoeck & Ruprecht GmbH & Co. KG, Göttingen

20 Esel und Engel (P)

Balak, der König der Moabiter, macht dem Propheten Bileam einen Vorschlag. „Ich gebe dir Gold und Silber. Du musst nur eines tun: Sprich einen Fluch über das Volk Israel." Bileam staunt: So ein Reichtum für nur ein paar Worte!

Bileam sattelt seinen Esel und reitet los, um das Volk Israel zu verfluchen. Er ist schon fast am Ziel – da bleibt der Esel plötzlich stehen. Und geht und geht nicht weiter. Bileam wird wütend, schlägt den Esel. Aber es hilft alles nichts. Der Esel steht wie festgewachsen.

Siehst du denn nicht?
Da steht uns wer im Weg!

....

Auf einmal gehen Bileam die Augen auf: Da steht ein Engel mitten im Weg und hält ein scharfes Schwert.

Entschuldige dich bei deinem Esel. Wenn er mich nicht gesehen hätte, wärst du jetzt schon tot. Ich stehe hier, um dir zu sagen: „Halt!"

Entschuldige, ich hab dich nicht gesehen.

....

© 2008, Vandenhoeck & Ruprecht GmbH & Co. KG, Göttingen

Dann soll ich wohl wieder nach Hause gehen?

Nein, zieh ruhig weiter. Aber pass von nun an besser auf. Und tu und sage nur, was Gottes Wort befiehlt.

Und König Balak zeigt Bileam das Volk Israel. „Sieh, das sind sie. Die sollst du verfluchen." Und Bileam hebt schon die Hände. Nach außen ist er ruhig. Doch innen lauscht er aufmerksam auf Gottes Wort. Dann nickt er und spricht laut und deutlich: „Gesegnet seist du, Gottes Volk!"

Bist du verrückt geworden? Was hast du getan! Das war kein Fluch!

Und Bileam wendete seinen Esel und kehrte wieder heim. Gold und Silber hat er nicht bekommen, aber er sagt zu jedem, der es hören will: „Mein Esel ist ein Engel!"

Nach 4 Mose 22-24

Zu der Geschichte fehlen noch die Bilder. Zeichne sie. Und füllt die letzte Sprechblase aus. (Ihr könnt „Bileam und sein Esel" auch spielen.)

© 2008, Vandenhoeck & Ruprecht GmbH & Co. KG, Göttingen

21a Engel in den Psalmen (P)

1. Psalmen sind Lieder.
2. Psalmen stehen in der Bibel.
3. Wenn du die Bibel in der Mitte aufschlägst, findest du die Psalmen.
4. Psalmen stehen im Alten Testament.
5. Psalmen sind sehr alt, einige wohl 3000 Jahre.
6. Es gibt 150 Psalmen.
7. Psalmen reimen sich nicht. Das war nicht üblich.
8. Aber üblich war, den gleichen Gedanken zweimal zu sagen, in etwas geänderter Form.
9. Psalmen sind wie Gebete.
10. Psalmen richten sich an Gott.
11. Wie Gebete bringen auch die Psalmen viele verschiedene Anliegen vor Gott.
12. Psalmen enthalten Bitte oder Dank, Klage, Anklage oder Lobpreis.
13. Oft enthält ein einzelner Psalm sowohl Bitte als auch Dank, sowohl Klage als auch Lobpreis.
14. Manchen Psalm hat wohl ein Einzelner gebetet, andere das ganze Volk.
15. Viele Psalmen haben die Überschrift „Psalm Davids" und manche passen gut zu Stationen in König Davids Leben.
16. Der bekannteste Psalm ist wohl Psalm 23: „Der Herr ist mein Hirte".
17. Psalm 104 besingt die Schöpfung.
18. In Psalm 139 staunt ein Mensch, dass Gott immer bei ihm ist, wohin er auch geht: „Von allen Seiten umgibst du mich."
19. In den Psalmen 34 und 91 kommen ausdrücklich Engel vor. In andere Psalmen kann man sie leicht hineindenken.

Hier findet ihr Stoff für ein Referat über Psalmen.

Lest euch die Sätze durch, schneidet sie aus. Legt sie auf einen großen Bogen Papier und schiebt sie hin und her: Wer soll was sagen? In welcher Reihenfolge? Welche Informationen sind sehr wichtig, nicht so wichtig, welche wollt ihr weglassen? Wenn ihr mit eurem Plan zufrieden seid, klebt die Abschnitte auf und gestaltet ein Schaubild für die Klasse. Dann tragt ihr vor und zeigt zugleich, was sich zu lernen lohnt.

© 2008, Vandenhoeck & Ruprecht GmbH & Co. KG, Göttingen

21b Engel in den Psalmen (P)

Der Engel des HERRN
lagert sich um die her,
die ihn fürchten,
und hilft ihnen heraus.

Psalm 34,8

Beschreibe deinem Partner oder deiner Partnerin, wie das Bild auf dich wirkt.

Malt es aus und schreibt in die Denkblasen: Wie fühlen sich die, die da vom Engel umringt werden?

© 2008, Vandenhoeck & Ruprecht GmbH & Co. KG, Göttingen

21c Engel in den Psalmen (P)

Wer unter dem Schirm des Höchsten sitzt
und unter dem Schatten des Allmächtigen bleibt,
der spricht zu dem HERRN:

Meine Zuversicht und meine Burg,
mein Gott, auf den ich hoffe.

Denn er errettet dich vom Strick des Jägers
und von der verderblichen Pest.
Er wird dich mit seinen Fittichen decken,
und Zuflucht wirst du haben unter seinen Flügeln.

Seine Wahrheit ist Schirm und Schild,
dass du nicht erschrecken musst
vor dem Grauen der Nacht,
vor den Pfeilen, die des Tages fliegen,
vor der Pest, die im Finstern schleicht,
vor der Seuche, die am Mittag Verderben bringt.

Psalm 91,1–6, Lutherbibel, © 1998 Deutsche Bibelgesellschaft, Stuttgart

Ersetze Schrift durch Bild, wo immer dir ein passendes Bild einfällt. Male dazu zuerst kleine Bilder, schneide sie aus und klebe sie über das Wort. (Auf **21d** geht es weiter.)

© 2008, Vandenhoeck & Ruprecht GmbH & Co. KG, Göttingen

21d Engel in den Psalmen (P)

Denn er hat seinen Engeln befohlen,
dass sie dich behüten
auf allen deinen Wegen,
dass sie dich auf den Händen tragen
und du deinen Fuß
nicht an einen Stein stoßest.

Über Löwen und Ottern
wirst du gehen
und junge Löwen und Drachen
niedertreten.

„Er liebt mich, darum will ich ihn erretten;
er kennt meinen Namen,
darum will ich ihn schützen."

Psalm 91, 11-14, Lutherbibel, © 1998 Deutsche Bibelgesellschaft, Stuttgart

Ersetze Schrift durch Bild, wo immer dir ein passendes Bild einfällt. Male dazu zuerst kleine Bilder, schneide sie aus und klebe sie über das Wort. (Auf **21c** ist der Anfang des Psalms.)

© 2008, Vandenhoeck & Ruprecht GmbH & Co. KG, Göttingen

22 Engel wünschen (G)

Einen Engel wünsch ich mir.
Gottes Nähe möcht' ich spüren.
Guter Engel, komm zu mir,
um mich zärtlich zu berühren.

Einen Engel wünsch ich mir,
der mir unterwegs begegnet.
Einen Engel wünsch ich mir,
der mir hilft und der mich segnet.

Einen Engel wünsch ich mir,
der mich anschaut und mir zulacht.
Einen Engel wünsch ich mir,
der mich tröstet und mir Mut macht.

Einen Engel wünsch ich mir,
um des Nächsten Not zu sehen.
Einen Engel wünsch ich mir,
um den Friedensweg zu gehen.

Einen Engel wünsch ich mir,
Gott zu loben hier und heute.
Guter Engel komm zu mir,
schenk mir Kraft und Grund zur Freude.

Reinhard Bäcker

Stellt das Gedicht dar – als Tanz oder Sprechgesang, mit Pantomime oder Bildtafeln. Einigt euch auf eine Form, die zum Inhalt passt.

© 2008, Vandenhoeck & Ruprecht GmbH & Co. KG, Göttingen

23 Engel schenken (E)

Du brauchst: 1 Bogen Transparentpapier (weiß), Klebestift, Schere, Bleistift.

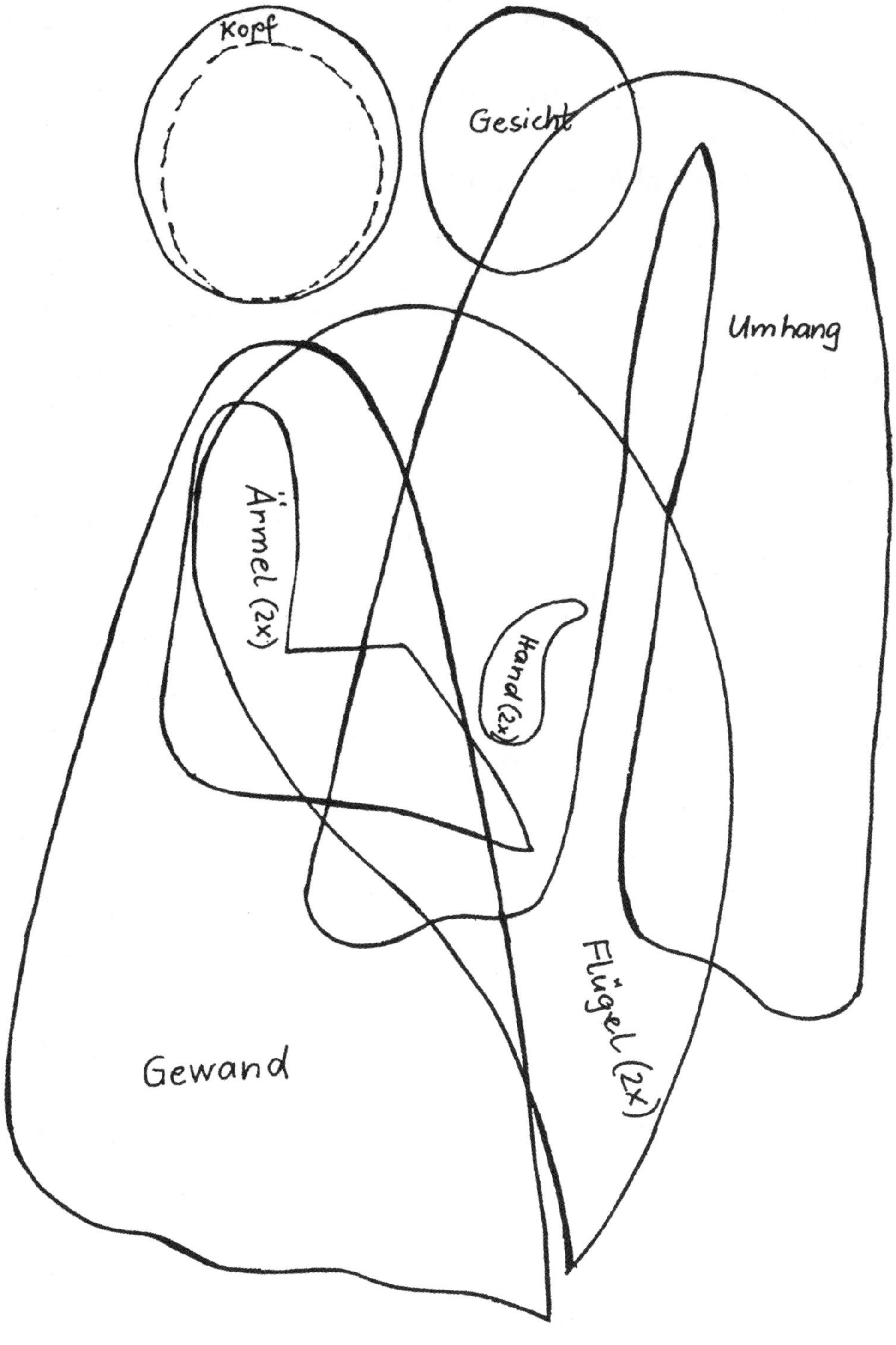

Übertrage die Schablonen mit weichem Bleistift auf das Transparentpapier. Schneide die Teile aus und füge sie mit vorsichtigen Klebestrichen zusammen. Die Papierteile kannst du (je nach gewünschter Körperhaltung) zusammenkleben.

© 2008, Vandenhoeck & Ruprecht GmbH & Co. KG, Göttingen

24 Engel suchen (G)

Engel sind immer da – auch wenn es hart kommt und alles ganz schlimm wird. Ein Beispiel für „ganz schlimm“ ist die Leidensgeschichte Jesu. Und trotzdem gibt es in all dem Dunkel immer wieder auch Licht – sind Spuren von Engeln zu erkennen.

Geht den Leidensweg Jesu in der Klasse, zum Beispiel indem ihr die vorgeschlagenen Texte zusammen lest. Und besprecht bei jedem Text: Wo gibt es da ein bisschen Licht, eine kleine Engels-Spur? Macht euch Notizen.

	Text	**Wo ist vielleicht doch ein Engel?**
1	Einzug in Jerusalem Markus 11,1-10	
2	Tempelreinigung Markus 11,15-17	
3	Salbung in Betanien Markus 14,3-9	
4	Jesus in Gethsemane Lukas 22,39-46	
5	Abendmahl Lukas 22,14-20	
6	Verleugnung Lukas 22,54-62	
7	Kreuzigung Lukas 23,33-43	

© 2008, Vandenhoeck & Ruprecht GmbH & Co. KG, Göttingen

25a Engel werden (P)

Nach vielen Erfahrungen mit biblischen Engel-Geschichten könnt ihr zusammentragen: Wie wirkt die Begegnung mit einem Engel auf einen Menschen? – Schreibt in und um den Engel-Umriss.

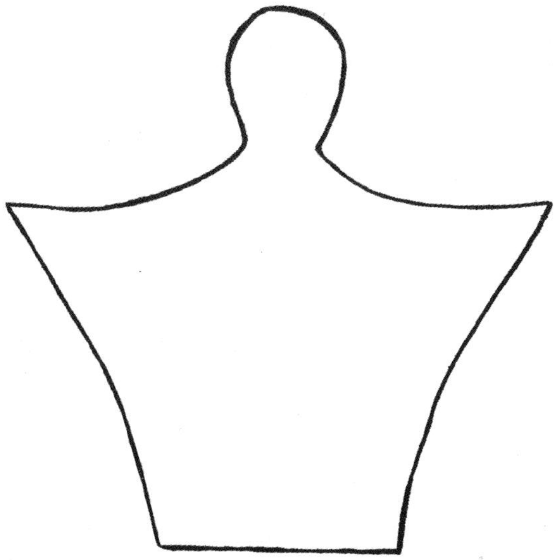

Prüft nun: Welche der von dir gefundenen Wirkungen könnte auch ein Mensch erzielen, der einem anderen zur rechten Zeit am rechten Ort begegnet? Schreibt diese Wirkungen noch einmal auf – in und um den Menschen:

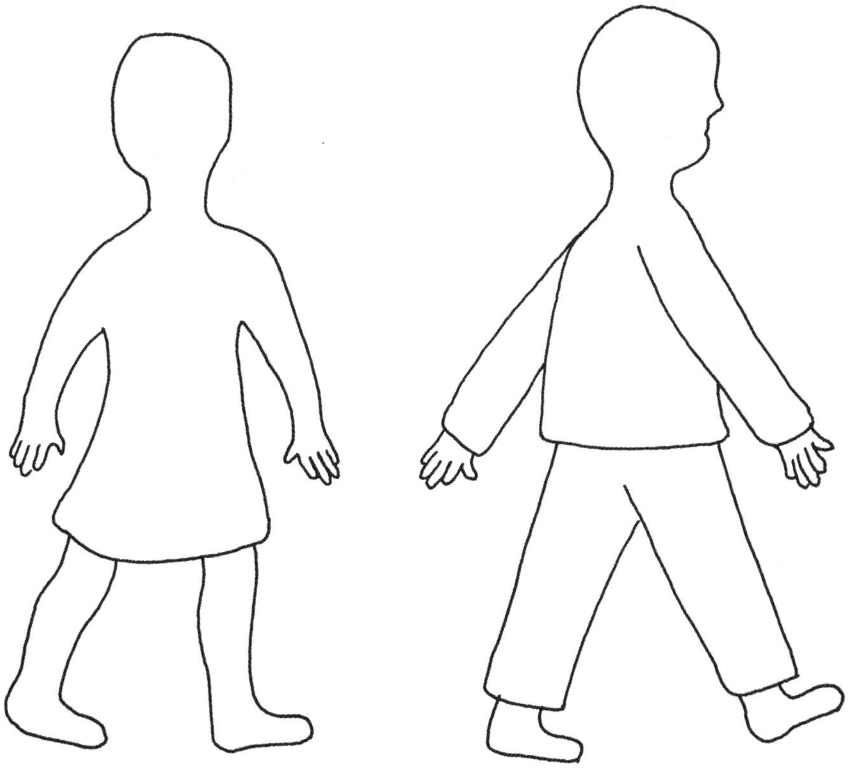

© 2008, Vandenhoeck & Ruprecht GmbH & Co. KG, Göttingen

25b Engel werden (E)

Schreibe eine Geschichte, in der ein Mensch einem Menschen zum Engel geworden ist:

© 2008, Vandenhoeck & Ruprecht GmbH & Co. KG, Göttingen

25c Engel werden (G)

Frieden, Gerechtigkeit, Bewahrung der Schöpfung: Das sind Ziele, um die sich Christinnen und Christen weltweit bemühen. Sie sind in Gottes Namen und nach seinem Willen tätig – wie die Engel.

Welche „Engel"-Tätigkeiten kennt ihr? Wofür stehen die abgebildeten Zeichen? Schreibt Stichwörter auf; recherchiert, wenn nötig, im Internet.

Brot für die Welt www.brot-fuer-die-welt.de	AKTION MENSCH
DER BLAUE ENGEL JURY UMWELTZEICHEN	Deutsches Rotes Kreuz

© 2008, Vandenhoeck & Ruprecht GmbH & Co. KG, Göttingen

25d Engel werden (E)

Vor Weihnachten werden die Geschenkideen manchmal knapp. Hier ist eine richtig gute: Verschenke Gutscheine über eine Freude, die du dem Beschenkten machen willst, oder einen Gefallen, den du ihm tun kannst.

Dreimal Geschirrspülmaschine ausräumen, ohne zu murren

Ein Märchen vorlesen

Konzert/ Zirkusvorstellung/Theater vorspielen

Einen langen Schal stricken

Zeit für den kleinen Bruder haben

Du kannst diese Engel-Karte benutzen:

© Mirella Fortunato

© 2008, Vandenhoeck & Ruprecht GmbH & Co. KG, Göttingen

26 Engel nennen (E)

Schreibe an den Buchstaben des Wortes „Engel" entlang einzelne Wörter oder einen langen Satz: Was ist für dich das Wichtigste zum Thema „Engel"?

© 2008, Vandenhoeck & Ruprecht GmbH & Co. KG, Göttingen

27 Engel kennen (E)

Teste dein Wissen. Wenn du den Fragebogen ausgefüllt hast, gib ihn deinem Partner zur Überprüfung oder prüfe dich selbst anhand deiner Unterlagen zum Thema „Engel".

Nr.	Frage	Antwort	Punkte (0-3)
1	Nenne drei Engel-Geschichten aus dem Neuen Testament.		
2	Nenne drei Engel-Geschichten aus dem Alten Testament.		
3	Nenne drei Hoffnungen, die Menschen mit Engeln verbinden.		
4	Nenne drei Worte, die Engel zu Menschen sagen.		
5	Nenne drei Worte, die Engel zu Gott sagen.		
+	Mit deinen Worten: Was sind Engel?		
++	Wie kann ein Mensch einem Menschen zum Engel werden?		

© 2008, Vandenhoeck & Ruprecht GmbH & Co. KG, Göttingen